프로그램_ 4주 과정

◉ **1주차** 큐티란 무엇인가? _ 조별 나눔
◉ **2주차** 묵상이란 무엇인가? _ 조별 나눔
◉ **3주차** 적용과 설교큐티 _ 조별 나눔
◉ **4주차** 큐티나눔과 성경통독 _ 조별 나눔

준비물: 비전큐티, 비전큐티 초급반 가이드북, 3색 볼펜, 수정테이프

제   기 비전큐티학교 (   )조 명단

연번	성명	연락처	출석체크
1			
2			
3			
4			
5			
6			
7			
8			
9			
10			

1강. 큐티란 무엇인가

1. 큐티란 무엇인가?

 (1) QUIET TIME : 조용한 시간, (   )

 (2) 큐티는 (   )으로 하나님과 만나는 시간

  ※ 마음이 다스리는 3가지 요소
   1)
   2)
   3)

 (3) 큐티는 (   )을 통해 하나님의 음성을 듣는 시간

 (4) 성경말씀을 (   )하는 시간

 (5) 성경말씀을 (   )하고, (   )하는 시간

 (6) (   )을 먹는 시간

2. 큐티는 꼭 해야 한다

 (1) 하나님은 우리에게 (   )을 주셨다.

 (2) (   )은 우리의 삶을 인도한다.

 (3) (   )를 하면서 성경을 주신 것에 감사한다.

 (4) (   )는 교회 봉사의 진정한 의미를 알게 한다.

3. 큐티가 안 되는 6가지 이유

 (1) 큐티하는 (   )을 모른다.

 (2) 큐티할 (   )이 안 된다.

 (3) (   )이 어렵다.

 (4) 큐티하는 (   )이 안 되어 있다.

 (5) 큐티를 (   )으로 한다.

 (6) (   )이 없다.

4. 큐티를 위한 준비

(1) 마음으로 (   )하기

(2) (   )로 무장하기

(3) 큐티할 수 있도록 (   ) 부탁하기

　　(성명 :   )

＊(4) 조용한 시간과 장소를 정하기 (시간 :   , 장소 :   )

(5) 준비물 : 비전큐티, 삼색 볼펜, 수정테이프

5. 비전큐티 5단계

1단계 : 본문 이해

2단계 :

3단계 : 묵상

4단계 :

5단계 : 기도

6. 본문 이해

(1) (   )는 큐티의 성패를 좌우한다.

　※ 성경 해석의 3대 원리

　　1)

　　2) 역사성

　　　유튜브 <성경에센스 민수기>, <민수기 한눈에 보기>,

　　　<바이블프로젝트 민수기> 검색

　　3)

　＊4)

(2) 큐티를 처음하시는 분은 (   )으로 큐티한다.

*(3) 본문을 (   ) 정도 천천히 읽는다.

> ※ 3번 읽기
>
> 1) (   )로 읽는다.
>
> 2) 주어(주인공)에 동그라미를 치면서 읽는다.
>
> 주어가 하나님(예수님, 성령님): (   )
>
> 주어가 사람(사물): (   )
>
> 3) 밑줄을 긋고 하나님의 속성 또는 교훈을 쓰면서 읽는다.

(4) 본문 이해는 (   )에 집중하지 말고 (   )으로 이해한다.

(5) 본문을 (   )의 문단으로 나눈다.

> ※ 문단 나누기
>
> 1) (   ) 중심으로 나눈다.
>
> 2) (   )이 바뀔 때 나눈다.

(6) 『비전큐티』 묵상 포인트를 읽는다.

※ 이번 주 과제

1. 큐티하는 시간과 장소를 정하기

2. 한 주 동안 『비전큐티』로 큐티하기

- 3-4개의 문단나누기

- 주어가 하나님(예수님, 성령님)이면 빨간펜,

  주어가 사람(사물)이면 파란펜으로 동그라미 밑줄 긋기

경외하는 자를 도우시는 하나님

출애굽기 1:15-21

새번역성경

이집트왕의 명령 15 한편 이집트 왕은 십브라와 부아라고 하는 히브리 산파들에게 이렇게 말하였다. 16 "너희는 히브리 여인이 아이 낳는 것을 도와줄 때에, 잘 살펴서, 낳은 아기가 아들이거든 죽이고, 딸이거든 살려 두어라."

하나님을 두려워하는 산파들 17 그러나 산파들은 하나님을 두려워하였으므로, 이집트 왕이 그들에게 명령한 대로 하지 않고, 남자 아이들을 살려 두었다. 18 이집트 왕이 산파들을 불러들여, 그들을 꾸짖었다. "어찌하여 일을 이렇게 하였느냐? 어찌하여 남자 아이들을 살려 두었느냐?" 19 산파들이 바로에게 대답하였다. "히브리 여인들은 이집트 여인들과 같지 않습니다. 그들은 기운이 좋아서, 산파가 그들에게 이르기도 전에 아기를 낳아 버립니다."

산파들에게 은혜를 베푸시는 하나님 20 그래서 하나님이 산파들에게 은혜를 베풀어 주셨으며, 이스라엘 백성은 크게 불어났고, 매우 강해졌다. 21 하나님은 산파들이 하나님을 두려워하는 것을 보시고, 그들의 집안을 번성하게 하셨다.

One-Point 묵상

❶ 묵상구절　　　　　　　　　　절

❷ 하나님의 속성 또는 교훈 찾기

❸ 오늘의 삶

❹ 적용

❺ 기도

묵상포인트

이집트 왕은 십브라와 부아에게 낳은 아이가 아들이거든 죽이고 딸이면 살려 두라고 명합니다(15-16절). 그러나 산파들은 하나님을 두려워했기 때문에 왕의 명령을 어기고 남자 아이도 살려 주었습니다. 왕이 그들을 꾸짖자 산파들은 히브리 여인들은 손을 쓰기도 전에 아이를 낳는다고 말했습니다(17-19절). 하나님은 산파들에게 은혜를 베푸셨고, 이스라엘 백성을 크게 불어나게 하셨고 강하세 하셨습니다(20-21절).

하나님은 주의 백성의 순종을 통해 가정과 나라를 번성하게 하시고 강하게 하시는 분이십니다. 하나님을 경외하는 산파들을 통해 위험에 처한 이스라엘을 구하셨고, 도리어 백성도 불어나게 하시며 강하게 하셨습니다. 우리의 믿음이 담긴 순종은 가정과 믿음의 공동체 더 나아가 나라를 강하게 하신다는 사실을 깨닫습니다.

우리는 하나님을 경외하며 살고 있습니까? 우리에게 맡기신 일과 사역을 하나님의 뜻에 순종하며 살아가고 있는지 돌아봅시다.

2강. 묵상이란 무엇인가?

1. 묵상

(1) 묵상의 의미

   1) 큐티는 성경을 (　　　　)하는 것이 아니라 (　　　　)하는 것이다.

     ① 명상은 (　　　)을 비우는 것이다.

      그러나 묵상은 마음에 (　　　)을 채우는 것이다.

     ② 명상은 그 대 상이 (　　　　)이다.

      그러나 묵상은 그 대상이 (　　　)이다.

     ③ 명상은 세상과 (　　　)하는 쪽으로 이끈다.

      그러나 묵상은 세상에 적극적이고 담대하게 나아가게 한다.

     ④ 명상은 공동체로부터 멀어지게 한다.

      그러나 묵상은 공동체와 더욱더 친밀하게 (　　)하게 한다.

   2　묵상의 도구

     ① 성경을 (　　　　　)과 (　　　)의 관점에서 본다.

     ② 성경 당시의 상황을 (　　　)한다.

     ③ 등장인물의 이름에 (　　　)을 넣어본다.

   3) 묵상의 장애물

     ① 묵상을 (　　　　)으로 하지 않으면 묵상의 어려움을 경험한다.

     ② 하나님이 주신 말씀에 (　　　) 하지 않을 때 큐티가 어렵다.

     ③ 즉각적인 (　　　)를 보지 못하는 데서 낙담하게 된다.

     ④ 가장 흔한 장애물은 (　　　)하지 못하는 데 있다.

2. ONE POINT 묵상

(1) 묵상구절 : 오늘 본문에서 (   )에 와 닿는 말씀 구절을 적는다.

(2) 하나님의 속성 또는 교훈 찾기

　　1)　하나님의 속성(하나님은 어떤 분이신가) 찾기

　　　　* 빨간색 펜 사용

　　　　① 하나님(하나님, 성령님, 예수님)이 (   )을 찾는다.

　　　　② 하나님의 (   )을 찾는다.

　　　　③ 하나님의 (   )을 찾는다.

　　　* ④ 하나님께서 말씀하신 (   )을 찾는다.

　　　　⑤ 하나님께서 말씀하신 (   )의 말씀을 찾는다.

　　　　⑥ 성경 저자의 (   )을 통해 찾는다.

　　2)　교훈(내게 주시는 교훈은 무엇인가?) 찾기

　　　　* 파란색 펜 사용

　　　　① 등장인물의 (   )을 찾는다.

　　　　② 등장인물의 (   )을 찾는다.

　　　* ③ 하나님께서 말씀하신 (   )을 찾는다.

　　　　④ 성경 속에 나오는 (   )과 (   )의 말씀을 찾
　　　　　는다.

(3)오늘의 삶

    ① (　　　　　　)을 적는다.

    ② 등장인물을 통해 (　　　　　　)과 (　　　　　　　　)

       을 적는다.

    ③ (　　　　　)을 적는다.

빨간 펜과 파란 펜의 비밀

성경은 시대를 따라 하나님께서 사람을 선택하여 그 사람에게 성령의 감동을 주어 성경말씀을 쓰게 하셨습니다. 성경 말씀의 내용은 크게 두 가지입니다.

첫째 성경은 하나님의 속성을 기록하고 있습니다. 그 시대를 살아가는 사람들에게 '하나님이 어떤 분이신지'를 알려서 하나님을 바로 알게 하셨습니다. 그 이유는 주님을 신뢰하고 주님을 경외하며 살게 하기 위함입니다.

둘째로 성경은 인간이 살아가는데 필요한 교훈을 기록하고 있습니다. 하나님은 그 시대를 살아가는 사람들에게 교훈의 말씀을 기록함으로서 삶 속에서 바르게 행동하며 살기를 바라셨습니다.

그러면 우리는 성경을 어떻게 읽어야 할까요? 성경은 이 두가지 관점을 가지고 읽고 묵상해야 합니다. 큐티는 성경을 읽는 것부터 시작합니다. 이 두가지 관점을 모르고 읽거나 이 사실을 염두해 두고 읽는다 하더라도 이것들을 찾으며 읽는 것은 쉽지 않습니다. 그래서 빨간 펜과 파란 펜을 표시하는 것입니다.

주어(주인공)가 하나님, 예수님, 성령님이면 빨간 펜으로 표시를 해 보세요. 그 속에는 반드시 하나님의 속성이 들어 있습니다. 그리고 주어가 사람이나 사물이면 파란 펜으로 표시를 해 보세요. 그 속에는 그 사람을 통해서 본 받아야할 점이나 본 받지 말아야할 교훈이 들어 있습니다.

하나님의 속성과 교훈은 안경과도 같은 것입니다. 시력이 나빠 잘 안 보일 때는 안경을 쓰듯이 성경을 읽어도 무슨 내용인지 모른다면 빨간 펜과 파란 펜의 안경을 써야 합니다. 하나님의 속성과 교훈이 색으로 표시하는 순간 성경말씀이 이해가 되기 시작할 것입니다. 성경을 이 두 가지 관점에서 볼 수만 있다면 묵상을 제대로 하고 있는 것입니다.

처음에는 하나님의 속성과 교훈을 찾는 것이 어려울 수 있습니다. 꼭 새로 산 옷처럼 어색하고, 새로 맞춘 안경처럼 초점이 안 맞는 것처럼 느껴질 수 있습니다. 하지만 천천히 한 두 주만 연습하면 새 옷은 내 옷이 되어 있고, 초점이 안 맞았던 안경은 점점 또렷하게 보이기 시작할 것입니다.

도전해 보세요.
빨간 펜과 파란 펜의 비밀을!

삭개오를 부르신 예수님

누가복음 19:1-10

새번역성경

예수님을 보려고 애쓰는 삭게요 ₁ 예수께서 여리고에 들어가 지나가고 계셨다. ₂ 삭개오라고 하는 사람이 거기에 있었다. 그는 세관장이고, 부자였다. ₃ 삭개오는 예수가 어떤 사람인지를 보려고 애썼으나, 무리에게 가려서, 예수를 볼 수 없었다. 그가 키가 작기 때문이었다.

삭개오를 만나주신 하나님 ₄ 그래서 그는 예수를 보려고 앞서 달려가서, 뽕나무에 올라갔다. 예수께서 거기를 지나가실 것이기 때문이었다. ₅ 예수께서 그 곳에 이르러서 쳐다보시고, 그에게 말씀하셨다. "삭개오야, 어서 내려오너라. 오늘은 내가 네 집에서 묵어야 하겠다." ₆ 그러자 삭개오는 얼른 내려와서, 기뻐하면서 예수를 모셔 들였다. ₇ 그런데 사람들이 이것을 보고서, 모두 수군거리며 말하였다. "그가 죄인의 집에 묵으려고 들어갔다."

구제를 결단하는 삭개오 ₈ 삭개오가 일어서서 주님께 말하였다. "주님, 보십시오. 내 소유의 절반을 가난한 사람들에게 주겠습니다. 또 내가 누구에게서 강제로 빼앗은 것이 있으면, 네 배로 하여 갚아 주겠습니다." ₉ 예수께서 그에게 말씀하셨다. "오늘 구원이 이 집에 이르렀다. 이 사람도 아브라함의 자손이다. ₁₀ 인자는 잃은 것을 찾아 구원하러 왔다."

One-Point 묵상

❶ 묵상구절 　　　　　　　　　　　　 절

❷ 하나님의 속성 또는 교훈 찾기

_____

❸ 오늘의 삶

_____

_____

_____

_____

_____

_____

_____

_____

❹ 적용

_____

_____

❺ 기도

_____

_____

묵상포인트

예수님께서 여리고로 들어가실 때 삭개오는 예수님을 보려고 애썼지만 키가 작아 볼 수가 없었습니다(1-3절). 그래서 뽕나무에 올라갔는데 예수님께서 그를 보시고 오늘 그의 집에 묵어야 겠다고 말씀하셨습니다. 그러자 삭개오는 기뻐하였고, 사람들은 수군거렸습니다(4-7절). 예수님을 만난 삭개오는 자신의 소유 절반을 가난한 사람에게 주겠다고 결심합니다. 예수님은 그와 그의 집에 구원이 머물러야 겠다고 말씀하십니다(8-10절).

사람이 예수님을 만나면 구원을 받고 삶이 변하게 됩니다. 삭개오가 그랬습니다. 그는 세리였는데 백성들에게 세금을 강제로 빼앗듯이 거두어 드려서 사람들에게 지탄을 받았습니다. 그러나 예수님을 만나고 삶이 변화되었습니다. 삭개오처럼 예수님을 만나려고 애쓸 때 예수님은 만나 주십니다.

주님을 만난 우리는 변화된 삶을 살고 있습니까? 주께서 주신 물질을 복음이 전하는 곳과 이웃을 사랑하는 곳에 드릴 수 있도록 믿음의 기도를 드리며 결단해 봅시다.

기도에 관한 가르침

마태복음 6:5-15

위선자들처럼 기도하지 말라 5 "너희는 기도할 때에, 위선자들처럼 하지 말아라. 그들은 사람들에게 보이려고, 회당과 큰 길 모퉁이에 서서 기도하기를 좋아한다. 내가 진정으로 너희에게 말한다. 그들은 자기네 상을 이미 다 받았다. 6 너는 기도할 때에, 골방에 들어가 문을 닫고서, 숨어서 계시는 네 아버지께 기도하여라. 그리하면 숨어서 보시는 너의 아버지께서 너에게 갚아 주실 것이다. 7 너희는 기도할 때에, 이방 사람들처럼 빈말을 되풀이하지 말아라. 그들은 말을 많이 하여야만 들어주시는 줄로 생각한다. 8 그러므로 그들을 본받지 말아라. 하나님 너희 아버지께서는, 너희가 구하기 전에, 너희에게 필요한 것이 무엇인지를 알고 계신다.

주기도문을 가르쳐 주신 예수님 9 그러므로 너희는 이렇게 기도하여라. 하늘에 계신 우리 아버지, 그 이름을 거룩하게 하여 주시며, 10 그 나라를 오게 하여 주시며, 그 뜻을 하늘에서 이루심 같이, 땅에서도 이루어 주십시오. 11 오늘 우리에게 필요한 양식을 내려 주시고, 12 우리가 우리에게 죄 지은 사람을 용서하여 준 것 같이 우리의 죄를 용서하여 주시고, 13 우리를 시험에 들지 않게 하시고, 악에서 구하여 주십시오. [나라와 권세와 영광은 영원히 아버지의 것입니다. 아멘.]]

One-Point 묵상

❶ 묵상구절   절

❷ 하나님의 속성 또는 교훈 찾기

❸ 오늘의 삶

❹ 적용

❺ 기도

주님께서는 위선자들처럼 사람들에게 보이려고 회당과 큰길에서 기도하는 것과 이방인들처럼 빈말을 되풀이하는 기도를 하지 말라고 말씀하십니다(5-8절). 또한 주님은 제자들에게 하나님의 이름과 그의 나라와 뜻의 성취, 일용할 양식을 위한 간구와 죄의 용서, 시험과 악에서 구원해 주실 것을 기도하라고 가르쳐 주십니다(9-13절).

성도의 기도는 오직 주님만을 향해야 합니다. 위선자들은 사람들에게 존경을 받기 위해서 기도를 하였고, 이방인들은 우상 앞에서 긴 주문들을 반복할 때 자신들이 원하는 응답을 받는다고 믿었습니다. 즉 그들의 기도의 목적은 자신의 욕망을 위한 것이었습니다. 주님께서는 제자들에게 그들의 기도를 본받지 말라고 말씀하시며 오직 하늘에 계신 하나님을 향해서만 기도하라고 교훈하셨습니다.

나의 기도는 주님을 향한 것입니까? 아니면 나의 정욕과 만족을 위한 기도입니까? 오늘은 왕 되신 주님께 나아가 그분을 높여 드리는 경배의 기도를 드립시다.

3강. 적용과 설교큐티

1. 적용

   (1) 하나님에 대한 적용

      1)

      2)

      3)

      4)

      5) 구체적인 (　　　　　　)를 적는다.

   (2) 교훈에 대한 적용

      1) 오늘 하루 구체적으로 (　　　　　　　　　)을

         <　　~하기> 형식으로 적는다.

        예) 매주 토요일 가정예배 드리기
           돌아오는 금요철야예배에 가서 기도하기
           친구에게 격려 문자 보내기

      2) 등장인물의 잘한 점을 통해 (　　　　)을 적는다.

      3) 등장인물의 잘못한 점을 통해 (　　　　　)을 적는다.

      4) 적용

         ①

         ②

         ③

         ④

         ⑤

      5) 구체적인 (　　　　　)를 적는다.

2. 기도

(1) 오늘 주신 말씀을 가지고 기도한다.

(2) 오늘의 (   )을 위해 기도한다.

(3) (   ) 또는 (   )를 한다.

3. 설교 큐티

(1) 설교를 들을 때 (   )를 하면서 듣는다.

(2) 설교 노트하기

   1) (   )

   2) 하나님의 속성 또는 (   ) 찾기

   3) (   )

   4) 기도

※ 이번 주 과제

1. 한 주 동안 『비전큐티』로 큐티하기.

2. 설교 큐티하기.

설교 큐티 노트

제목

말씀   설교자

설교 요약

하나님의 속성 또는 교훈 찾기

적용

기도

4강. 큐티나눔과 성경통독

1. 큐티 나눔

(1) 나눔의 유익

   1) 나눔은 묵상의 (   )이다.

   2) (   )를 계속할 수 있다.

   3) 하나님의 지속적인 (   )를 받는다.

   4) 규모 있는 (   )을 하게 된다.

   5) (   )와 (   )의 생활을 하게 된다.

   6) 나눔은 (   )의 신앙과 (   )의 신앙을 세운다.

(2) 나눔의 방법

   1) 큐티 나눔은 (   )이 적당하다.

   2) 가급적 (   )한 것을 중심으로 (   )한 것을 나누면
      좋다.

   3) 적용의 (   )뿐만 아니라 (   )도 나눈다.

   4) 한사람이 3~5분 정도로 나눈다.

(3) 큐티 나눔방 만들기

   1)

   2) 소그룹 모임(구역예배, 봉사기관, 직장 신우회)

   3)

   4) 전화, 이메일, 문자, (   )

(4) 나눔의 순서

    1) 찬양 1~2곡을 부른다.

    2) 기도하기 : 사회자

    3) 본문 읽기 : 돌아가면서

    4) 줄거리 말하기 : 사회자

    5) 나눔 하기 : 나눔 + (   )

    6) 중보기도, 돌림기도

2. 성경통독

(1) 성경통독은 성경 66권을 (   )로 보고, 부분이 아닌 (   )로 읽어 내려가는 것을 말한다.

(2) 성경 전체가 주는 (   )를 찾는 것이다.

(3) (   )으로 읽는다.

    1) 구약: 율법서, (   ), 시가서, 예언서

    2) 신약: (   ), 역사서, 서신서, 예언서

(4) 1년 성경 1독의 계획을 세운다.

(5) 성경통독 방법

    1) (   )으로 읽으라.

    2) (   )을 먼저 읽으라.

        예) 통독성경에 나온 본문의 줄거리 읽기

    3) 읽어주는 (   )를 들으면서 통독 성경을 눈으로 읽으라.

        예) 유튜브 <통성경 일년일독 10일> 검색

비전큐티 5단계

1단계 **본문이해**

(1) 본문을 3번 천천히 읽는다.

1) 큰 소리로 읽는다.

2) 주어(주인공)에 동그라미를 치면서 읽는다.

주어가 하나님(예수님, 성령님): 빨간 펜

주어가 사람(사물): 파란 펜

3) 밑줄을 긋고 하나님의 속성 또는 교훈을 쓰면서 읽는다.

(2) 본문을 3-4개의 문단으로 나눈다.

2단계 **하나님의 속성 또는 교훈 찾기**

(1) 주어가 하나님이면 빨간 펜으로, 주어가 사람이면 파란 펜으로 동그라미하고 밑줄을 긋는다.

(2) 각 문단에서 하나님의 속성 또는 교훈을 찾는다.

3단계 **묵상_ One Point 묵상**

(1) <묵상구절>에 묵상할 성경 구절을 적는다.

(2) <하나님의 속성> 또는 <교훈>을 적는다.

(3) <오늘의 삶>에 깨달은 내용을 적는다.

4단계 **적용**

(1) 오늘 하루 구체적으로 실천할 내용을 적는다.

(2) <   ~하기> 형식의 짧은 문장으로 적는다.

5단계 **기도**

(1) 개인기도와 중보기도 내용을 적는다.

(2) 말씀을 바탕으로 기도문을 적는다.

1강

1. (1) 경건의 시간
(2) 매일 개인적
1) 지성
2) 감정
3) 의지
(3) 말씀
(4) 묵상
(5) 적용, 기도
(6) 영의 양식
2. (1) 성경
(2) 성경
(3) 큐티
(4) 큐티
3. (1) 방법
(2) 환경
(3) 성경
(4) 습관
(5) 느낌
(6) 큐티 나눔방
4. (1) 결단
(2) 기도
(3) 중보기도
5. 2단계 : 하나님
의 속성 또는 교훈 찾
기
　　4단계 : 적용
6. (1) 분문 이해
1) 문법성
3) 신학성(교리)
4) 성령의 조명

(2) 새번역성경
(3) 3번
1) 큰 소리
2) 빨간펜, 파란펜
(4) 단어, 문단
(5) 3-4개
1) 주어
2) 상황

2강

(1) 1) 명상, 묵상
① 마음, 말씀
② 자기 자신, 하나님
③ 결별
④ 교제
2) ① 하나님의 속성,
교훈
② 상상
③ 내 이름
3) ① 규칙적
② 순종
③ 결과
④ 집중
2. (1) 한 가지
(2) 1) ① 하신 일
② 성품
③ 인도하심
④ 명령
⑤ 약속
⑥ 고백
2) ① 잘한 점
② 잘못한 점

③ 명령
④ 교훈, 책망
(3)
① 깨달은 점
② 본받을 점, 본받
지 말아야 할 점
③ 느낀 점

3강

(1) 1) 감사하기
2) 찬양하기
3) 회개하기
4) 결단하기
5) 생각의 변화
(2) 1) 실천할 내용
2) 본받을 점
3) 본받지 말아야
할 점
4) ① 기도하기
② 예배하기
③ 전도(선교)하기
④ 구제하기
⑤ 이웃사랑하기
5) 행동의 변화
2. (2) 적용
(3) 중보기도,
돌림기도
4. (1) 노트
(2) 1) 설교요약
2) 교훈
3) 적용

4강

1. (1) 1) 꽃
2) 큐티
3) 인도
4) 생활
5) 감사, 기쁨
6) 개인, 공동체
(2) 1) 4-7명
2) 노트, 적용
3) 성공담, 실패담
(3) 1) 가정예배
3) 상설 큐티 나눔방
4) 카카오톡
(4) 5) 끼어들기

2. (1) 1권, 전체
(2) 메시지
(3) 역사순
1) 역사서
2) 복음서
(5)
1) 통독성경
2) 본문설명
3) 유튜브

쉬운 큐티 / 쓰는 큐티 / 매일하는 큐티
큐티 초급반 가이드북

초판 발행 2021년 11월 12일
5쇄 발행 2023년 3월 1일

지은이   이상영
펴낸곳   도서출판 가이오
등록일   2020년 11월 16일
주소   경기도 수원시 팔팔달구 월드컵로 375 (우만동)
전화   031) 207-5550
ISBN   979-11-974713-1-5 03230
정가   1,500원